Klaus Rauer

# Fallstudie Projektmanagement I

„Regionenmesse Oberbayern"

## Aufgaben / Arbeitsheft

Bibliografische Information der Deutschen Nationalbibliothek
Die Deutsche Nationalbibliothek verzeichnet diese Publikation in der Deutschen Nationalbibliografie; detaillierte bibliografische Daten sind im Internet über dnb.d-nb.de abrufbar.

**Klaus Rauer** ist als Berater und Projektleiter mit Schwerpunkt Bank- und IT-Projekte tätig.

Neben diesen Aufgaben führt Klaus Rauer seit 2007, als zertifizierter Projektmanagement-Trainer, Zertifizierungsseminare (IPMA Level D-A) durch.

## Disclaimer

Aufgrund der besseren Lesbarkeit wird in den Texten der Einfachheit halber nur die männliche Form verwendet. Die weibliche Form ist selbstverständlich immer miteingeschlossen.

© 2018 Klaus Rauer
Herstellung und Verlag: BoD – Books on Demand

ISBN: 9783748151081

## Inhaltsverzeichnis

# Projektmanagement-Fallstudie „Regionenmesse Oberbayern"

Diese Fallstudie unterstützt bei der Durchführung von Projektmanagement-Trainings durch ein durchgängiges Beispiel.

Die Methodik ist am Vorgehen der IPMA® und der DIN für das Projektmanagement angelehnt.

Auch kann die Fallstudie gut zum Selbststudium und zur Vorbereitung auf Projektmanagement-Prüfungen wie bspw. Level D-A Zertifizierungen der GPM® eingesetzt werden.

Diese Fallstudie bildet eine beispielhafte Projektabwicklung ab und kann für verschiedene Zwecke eingesetzt werden:

- Für Gruppenarbeiten im Training
- Als Grundlage zur Erstellung des IPMA Level D Reports nach der ICB 4.0®
- Als Basis für Ihre tägliche Projektarbeit (Templates, Vorgehen)
- Vorbereitung für die Workshops anlässlich einer IPMA Zertifizierung

# Aufbau der Fallstudie

Die Fallstudie ist in zwei separate Dokumente aufgeteilt:

- Aufgaben / Arbeitsheft
- Lösungen

In diesem Arbeitsheft sind Aufgaben zu den wesentlichen Teilen eines Projektablaufs enthalten. Hierzu finden Sie Übungen anhand eines durchgehenden Beispielprojekts.

Die Fallstudie folgt der DIN 69901-2 Prozesslogik:

# Ausgangssituation

### Firma FitForTrade GmbH

Sie, Sabine Macher, arbeiten im Bereich Messeorganisation der Firma „FitForTrade GmbH", die sich auf die Organisation und Durchführung von Fachmessen spezialisiert hat. Ihr direkter Vorgesetzter ist der Bereichsleiter „Fachmessen" Hermann Bartel, der in direkter Linie an den Geschäftsführer Oliver Müßig berichtet. Der Bereich Fachmessen beschäftigt noch weitere 5 Mitarbeiterinnen und Mitarbeiter.

Die Firma FitForTrade GmbH ist vor 5 Jahren gegründet worden und am Markt gut positioniert. Der Standort ist München Riem.

Geschäftszweck ist die Organisation und Durchführung von Fachmessen in Süddeutschland mit Schwerpunkt Messe München.

Die meisten Auftraggeber kommen aus der Region München. Die Firma übernimmt für einen Messeauftritt alle organisatorischen und technischen Dienste für ihre Auftraggeber: Planung, Projektmanagement, Messestandbau, Unterkunftsorganisation Catering. Für die Durchführung der Aufgaben kann auf externe Firmen bzw. Dienstleister zurückgegriffen werden.

Die Firma ist wie folgt organisiert:

Kaufmännischer Geschäftsführer: Oliver Müßig

Technischer Geschäftsführer: Karl Zange

Bereichsleiter Fachmessen: Hermann Bartel

Technik: Jürgen Zahn

Controlling: Helga Prüf

Einkauf: Gaby Günstig

HR: Gerlinde Obermeier

## Aktuelle Situation des Projekts

Heute ist der 1. Februar.

Sie sind Sabine Macher, Mitarbeiterin der Firma FitForTrade GmbH. Sie hatten ein Gespräch mit ihrem Vorgesetzten, in dem sie gebeten wurden, die Projektleitung für das im Folgenden beschriebene Projekt zu übernehmen.

Informationen von ihrem Vorgesetzten zum Projekt:

Die Arbeitsgemeinschaft (ARGE) „Region München aktiv" möchte eine regionale Messe durchführen, bei der kleine und mittlere Betriebe des Großraums München (München und ca. 50 km Umkreis) ihre Produkte vermarkten können.
Das Motto des Vorhabens ist „Bayrische Qualitätsprodukte aus ihrer Region".
Als Ziel soll die Bekanntheit der Produkte erhöht und der Absatz stimuliert werden.
Zielgruppe der Messe sind die Endverbraucher. Diese Messe soll als erste ihrer Art als Projekt aufgesetzt werden.
Erfahrungen aus diesem Projekt sollen gesammelt werden und für zukünftige Projekte z.B. in Form eines Projektmanagementhandbuches, bereitgestellt werden.

Die ARGE hat ihre Firma beauftragt, das Projekt zu übernehmen. Als zentraler Ansprechpartner und Vertreter der ARGE gegenüber dem Auftragnehmer wurde der Kämmerer der Stadt München benannt.

# Projektauftrag

Mitglieder der ARGE „Region München aktiv" sind:
- Stadt München (als Vertreter der ARGE nach außen: Kämmerer Hanni Beutel)
- IHK München und Oberbayern
- Handwerkskammer Bayern
- Landkreis München
- Landkreis Traunstein
- Landkreis Berchtesgaden

Zielsetzung der Regionalmesse (RM) ist die Erhöhung der Bekanntheit regionaler Produkte, sowie die Sensibilisierung der Bevölkerung für die Belastung der Umwelt bei Herstellung und Transport von Waren.

Als Anforderungen für das Projekt „Regionalmesse München" wurden im Einzelnen benannt:

1. Erstellung eines ansprechenden Rahmenprogramms (Vorträge zu Gesundheitsthemen, ökologischem Bauen, gesundes Kochen etc.).

2. Als Aussteller sind sowohl Hersteller regionaler Lebensmittel, Betreiber von Lebensmittelläden und Handwerksbetriebe vorzusehen.

3. Die Aussteller sollen überwiegend ökologische Produkte mit geringem $CO_2$ Ausstoß („carbon footprint") zeigen.

4. Flankierend ist ein Internetauftritt für das Thema der Messe „Bayrische Qualitätsprodukte aus ihrer Region" zu erstellen und spätestens 12 Wochen vor der Messe freizuschalten. Stand- und Kartenreservierungen sollen ausschließlich webbasiert erfolgen.

5. Als Gastredner sind bereits der Ministerpräsident von Bayern und der Oberbürgermeister der Stadt München avisiert. Eine Bestätigung steht jedoch noch aus. Ein Schirmherr aus Politik oder Wirtschaft ist noch zu gewinnen.

6. Weiterhin sollten regionale Verbände Raum zur Präsentation bekommen (Umweltschützer, Landwirte, Jäger, Segler, Handel etc.)

7. Die Öffentlichkeit soll zu einer regen Teilnahme angeregt werden, hierzu sind Werbemaßnahmen zu planen und durchzuführen.

8. Die Veranstaltung ist kaufmännisch mit einer „schwarzen Null" zu planen und durchzuführen. Etwaige Fördermittel und Sponsoren müssen eingeworben werden. Hierfür sind Informationen zu erstellen und eine Veranstaltung im Vorfeld zu organisieren.

9. Die restliche Finanzierung ist über Eintritte und Standgebühren zu realisieren.

10. Die Stadt München und die Landesregierung haben bereits jeweils 150.000,-€ als Beitrag zur Finanzierung avisiert.

11. Um die Veranstaltung zu dokumentieren ist ein Projekthandbuch zu erstellen. Dieses ist auch die Basis für das abschließend zu erstellende Projektmanagementhandbuch.

# A- Auftragsklärung

## Gruppenarbeit / Einzelarbeit

Mit den Herren Hermann Bartel und Hanni Beutel ist für den 5. Februar ein erstes Gespräch zu den Projektinhalten vorgesehen.

Bereiten Sie sich auf dieses Gespräch zur Auftragsklärung und Prüfung der „Projektreife" vor.

1. **Im Vorfeld der Besprechung prüfen Sie, ob die Kriterien für ein Projekt erfüllt sind.**

2. **Stellen Sie alle bereits vorhandenen Informationen zum geplanten Vorhaben in einer Mind-Map zusammen.**

3. **Was ist bereits klar, was noch unklar, und was strittig? (KUS-Matrix).**

4. **Wer kann was klären?**

5. **Was bestimmt den Projekterfolg aus Kunden- / Auftraggeber-Sicht?**

# B- Projekt-Steckbrief

Gruppenarbeit / Einzelarbeit

**Erstellen Sie den Projektsteckbrief auf Basis der Ihnen vorliegenden Informationen.**

**Beispiel für die Inhalte eines Projektsteckbriefs:**

| Projektsteckbrief | V1.0 **Regionenmesse Oberbayern** |
|---|---|
| Projektbezeichnung | |
| Projektleiter | |
| Projektbeteiligte | |
| Auftraggeber | |
| Kunde | |
| Projekt-Oberziel | |
| Projektziele | |
| Erwarteter Nutzen | |
| Umfeld | |
| Wichtige Termine | |
| Aufwand (intern/extern) | |
| Budget | |
| Wesentliche Risiken | |
| | |

# C- Ziele

## Gruppenarbeit / Einzelarbeit

Erstellen Sie das Zielsystem für das Projekt Regionenmesse Oberbayern.

1. **Stellen Sie eine Zielhierarchie (nach dem magischen Dreieck oder Ergebnis- und Vorgehensziele) dar. Definieren Sie auch soziale Ziele und Nichtziele des Projektes.**

2. **Die Ziele sollen operationalisiert werden (SMART). Kategorisieren Sie nach Muss- Soll-, und Kann-Zielen. Stellen Sie das Ergebnis in einer Tabelle (Ziele, Kategorie, Messkriterium) dar**

3. **Erstellen Sie eine Zielbeziehungsmatrix und führen Sie die Priorisierung zweier konkurrierender Ziele durch. Begründen Sie ihr Vorgehen.**

## Zusätzliche Informationen

Quellen

- Projektauftrag
- Projektsteckbrief
- Eigene Unterlagen (Notizen)

Übersicht der Stichpunkte aus den eigenen Aufzeichnungen:

1. Begleitende Ausstellungen / Infostände
2. Vorträge (ökologischer Fußabdruck, Umweltverbände, Kochen/Ernährung, „Wild auf Wild" des Bayrischen Jagdverbandes, Eigenanbau, ...)
3. Marketing / Werbemaßnahmen abstimmen
4. Welche Unternehmen sollen angesprochen werden: Liste erstellen und abstimmen
5. Rahmenprogramm (Vorträge, Ausstellungen, Workshops)
6. Projekthandbuch erstellen
7. Internetauftritt erstellen
8. Projektteam: klären der Beistellungen
9. Projektart festlegen

# C- Ziele

**Beispiel für die Zieltabelle:**

| Nr. | Zielformulierung | Klassi-fizierung | Kate-gorie | Messverfahren und -kriterien |
|-----|------------------|------------------|------------|------------------------------|
| Z1 | Ist-Prozesse beschrieben: Die zentralen Ist-Prozesse des Projekt-Managements sind ausführlich in einer für alle verständlichen Form visualisiert. | Leistungs-ziel | Muss-ziel | PM-Prozesse in den Abteilungen CRM, Finanzen, Logistik, Einkauf und Internet-Sales sind mit den Vorlagen der Abteilung „zentrale Prozesse" mit ereignisgesteuerten Prozessketten beschrieben |
| Z2 | Externe Orientierung ist beschrieben: Auf Basis einer Analyse ist das Projektmanagement vergleichbarer Unternehmen verständlich beschrieben | Leistungs-ziel | Soll-ziel | Projektprozesse von mindestens 3 vergleichbaren Unternehmen sind mit der Prozessvorlage QS-234 beschrieben |

# D- Projekt-Start-Workshop

## Gruppenarbeit / Einzelarbeit

**Um Ihr Projekt gut zu beginnen, planen Sie einen ganztägigen Start-Workshop. Erstellen Sie hierfür**

1. **Eine Teilnehmerliste**
2. **Die Agenda mit Zeitangaben (Start 9:00, Ende 17:00)**
3. **Eine Checkliste mit den wichtigsten ToDos der Vor- und Nachbereitung**

## Zusätzliche Informationen

Geschäftsführer Oliver Müsig hat das Projekt „Regionenmesse Oberbayern" auf einer Sitzung der ARGE „Region München aktiv" vorgestellt und Sie als Projektleiter vorgeschlagen. Der Vorschlag wurde angenommen und die Phasenplanung, sowie die Projektorganisation wurden akzeptiert.

Als Projektstart wurde der 15.02. festgelegt.

Zum 15.02. laden sie zu einem Projekt-Start-Workshop für das Projekt ein.
Noch sind viele Details zu Projekt unklar, die im Workshop geklärt werden sollen.

Folgende Punkte sind zu berücksichtigen:

1. Welche Tagesordnungspunkte soll die Agenda umfassen?
2. Wer soll in welcher Rolle eingeladen werden?
3. Was muss erarbeitet werden (Pflichtpunkte)?
4. Welche Tagesordnungspunkte lediglich zu Information?
5. Was ist im Vorfeld zu organisieren?
6. Welche Aufgaben sind im Nachgang zum Workshop zu erledigen?

# E- Projektumfeld und Stakeholder

## Gruppenarbeit / Einzelarbeit

1. **Ermitteln Sie die Umfeldfaktoren des Projektes.**

2. **Erstellen Sie dazu ein Portfolio mit den sachlichen und sozialen, sowie internen und externen Faktoren.**

3. **Identifizieren Sie die Spezifika der Stakeholder (Interesse am Projekt, Macht den Projekterfolg zu beeinflussen, Erwartungen, Befürchtungen, Einstellung) und stellen Sie diese in einer Tabelle dar.**

4. **Stellen Sie die Stakeholder in einem Portfolio (z.B. Einstellung und Macht) dar und definieren Sie Maßnahmen zur Steuerung der drei wichtigsten Stakeholder.**

## Zusätzliche Informationen

Die Arbeitsgemeinschaft (ARGE) „Region München aktiv" besteht aus folgenden Mitgliedern:

| | |
|---|---|
| Stadt München | Kämmerer Hanni Beutel (Vertreter der ARGE) |
| IHK | GF Jürgen Rein |
| Handwerkskammer | GF Karl Kuffeler |
| Landkreis München | Siegbert Recht |
| Landkreis Traunstein | Traude Weller |
| Landkreis Berchtesgaden | Martina Ahrensberg |

Die Arbeitsgemeinschaft besteht seit ca. 5 Jahren. Die Mitglieder sind bis auf Hanni Beutel jedoch erst seit kurzer Zeit dabei. Dies führt zu Spannungen innerhalb der ARGE. Die Arbeitsgemeinschaft hat bislang nichts unternommen um sich nach außen bekannt zu machen.
Der Bauernverband war Gründungsmitglied, ist aber in diesem Jahr aus der ARGE ausgeschieden.
Aufgabe der ARGE ist es die wirtschaftlichen Belange der Region zu fördern. Hierzu wurde beschlossen insbesondere dem Thema Ökologie in Zeiten der Globalisierung mehr Beachtung zu schenken. Als Fokus wird die Strategie „think global, buy local" verfolgt um die $CO$ Emissionen gering zu halten. Die Messe soll der erste Baustein zu einer Serie von Veranstaltungen sein, um lokale Produzenten zu fördern und der Bevölkerung den Vorteil von lokalen Produkten näherzubringen (weniger Emissionen, Nachvollziehbarkeit der Herkunft, Qualität etc.).

Stadt München
Die Stadt München verfolgt seit langer Zeit eine Strategie der Minimierung des „ökologischen Fußabdrucks". Sie will damit die Sensibilität der Bevölkerung für Umweltbelange schärfen. Frau Beutel ist seit Beginn der ARGE die Sprecherin, dabei agiert sie jedoch im Hintergrund und scheut die öffentliche Diskussion.

# E- Projektumfeld und Stakeholder

Handwerkskammer

Die Handwerkskammer führt eigene Messen (u.a. Handwerkemesse) durch und steht dem Projekt eher skeptisch gegenüber. Die Aktivierung der Mitglieder für Messen ist bislang auf wenig Resonanz gestoßen.

IHK

Die IHK unterstützt die Idee des Projekts, hat jedoch auf Grund ihrer Mitgliederstruktur nur wenig beizutragen.

Landkreise

Die Vertreter der Landkreise waren die Initiatoren dieses Projekt. Sie versprechen sich eine Wirtschaftsförderung der Region und Selbstdarstellung der einzelnen Landkreise.

**Beispiel für die Umfeldfaktoren:**

|  | intern | extern |
|---|---|---|
| **Sachlich** | 1. Projektmanagementhandbuch<br>2. Infrastruktur | 3. Ausländischer Markt (Polen)<br>4. Kapitalmarkt<br>5. Hardwarelieferanten / Angebot am Markt<br>6. Mitbewerbersituation<br>7. Sicherheit/Gesetze |
| **Sozial** | 1. Geschäftsführer | 2. Betriebsrat |

**Beispiel für die Stakeholder-Tabell:**

| Nr. | Interessen | | Macht | Konflikt-potenzial | Einstellung zum Projekt |
|---|---|---|---|---|---|
|  | vermutet | bekannt |  |  |  |
| 1 | Budget sparen | Projekterfolg sicherstellen | hoch | niedrig | positiv |
| 2 | Projekt als Hilfe für die Wiederwahl nutzen | Arbeitsplätze sichern | hoch | hoch | negativ |

# E- Projektumfeld und Stakeholder

**Als Basis für die Steuerung der Stakeholder wird ein Portfolio erstellt.**

**Beispiel für ein Stakeholderportfolio:**

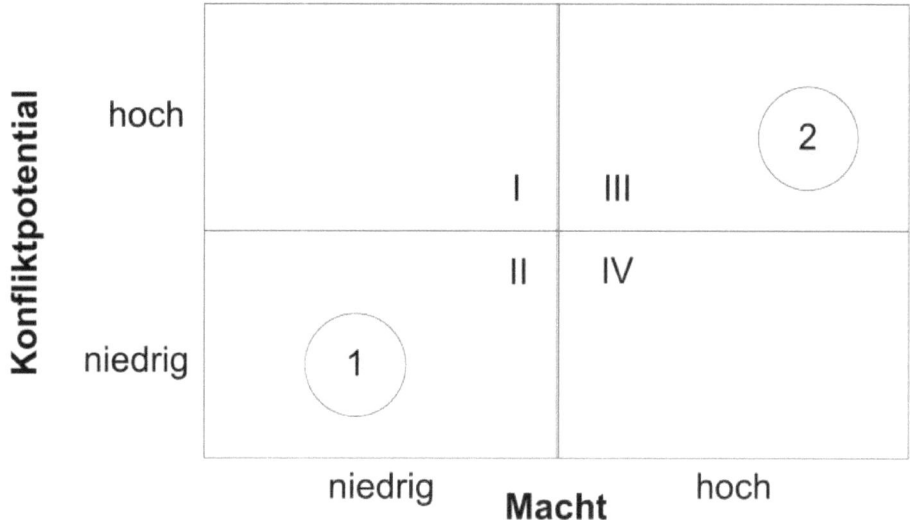

**Beispiel für Maßnahmen zur Stakeholder-Steuerung:**

|   | Stakeholder | Maßnahme |
|---|---|---|
| **1** | Geschäftsführer | Regelmäßige persönliche Berichterstattung (monatlich) |
| ... |  |  |

# F- Chancen- und Risikoanalyse

Gruppenarbeit / Einzelarbeit

1. Ermitteln Sie potenzielle Chancen und Risiken für das Projekt.

2. Beschreiben Sie drei Risiken und zwei Chancen für das Projekt ausführlich (tabellarisch).

3. Definieren Sie Maßnahmen zur Minderung der Risiken (präventiv und korrektiv) und Realisierung der Chancen.

4. Erstellen Sie für die Risiken ein Risikoportfolio.

Beispiel für eine Risikotabelle:

| Nr | Risiko-Art | Risiko Beschreibung | Auswirkung beim Eintritt | Eintrittswahr-scheinlichkeit (EW) in % | Schadens-höhe (SH) in € | Risikowert (RW) in € |
|----|------------|---------------------|--------------------------|----------------------------------------|-------------------------|----------------------|
| 1  |            |                     |                          |                                        |                         |                      |

| Nr | Maßnahmen | | Verantwort-licher | Kosten [€] (k = korrektiv) (p = präventiv) |
|----|-----------|---|-------------------|--------------------------------------------|
|    | präventiv | korrektiv |          |                                            |
|    |           |           |          |                                            |

Beispiel für ein Risikoportfolio:

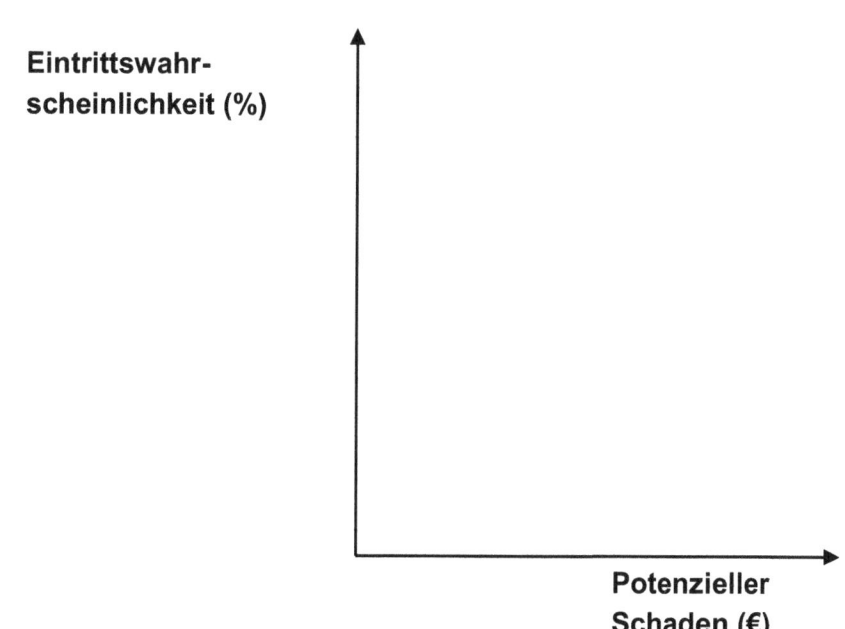

# G- Aufbauorganisation / Kommunikation

## Gruppenarbeit / Einzelarbeit

1. Diskutieren Sie die Vor- und Nachteile der verschiedenen Projektorganisationsformen.
2. Wählen Sie die aus ihrer Sicht am besten geeignete Projektorganisation aus.
3. Zeichnen Sie das Organigramm für diese Projektorganisation.
4. Beschreiben Sie, nach dem AKV Prinzip, die Rollen Projektleiter und Lenkungskreis.
5. Erstellen Sie die Kommunikationsmatrix für Ihr Projekt.

## Zusätzliche Informationen

Ihr Vorgesetzter macht als Verantwortlicher Auftraggeber folgenden Vorschlag:

Sie könnten als Projektleiter das Projekt vollverantwortlich übernehmen und würden dann das Projekt mit einem befristeten Arbeitsvertrag durchführen.
Als Alternative wechseln Sie in eine Stabsfunktion beim Auftraggeber Herrn Oliver Müßig (Geschäftsführer der FitForTrade GmbH), der dann die Projektverantwortung übernimmt. Hierbei würden Sie Vorschläge für Durchführung des Projektes unterbreiten, jedoch ohne Verantwortung agieren.
Als Lenkungsausschuss sind Vertreter der ARGE und der Auftraggeber zu berücksichtigen.

Die aktuelle Aufbauorganisation der FitForTrade GmbH:

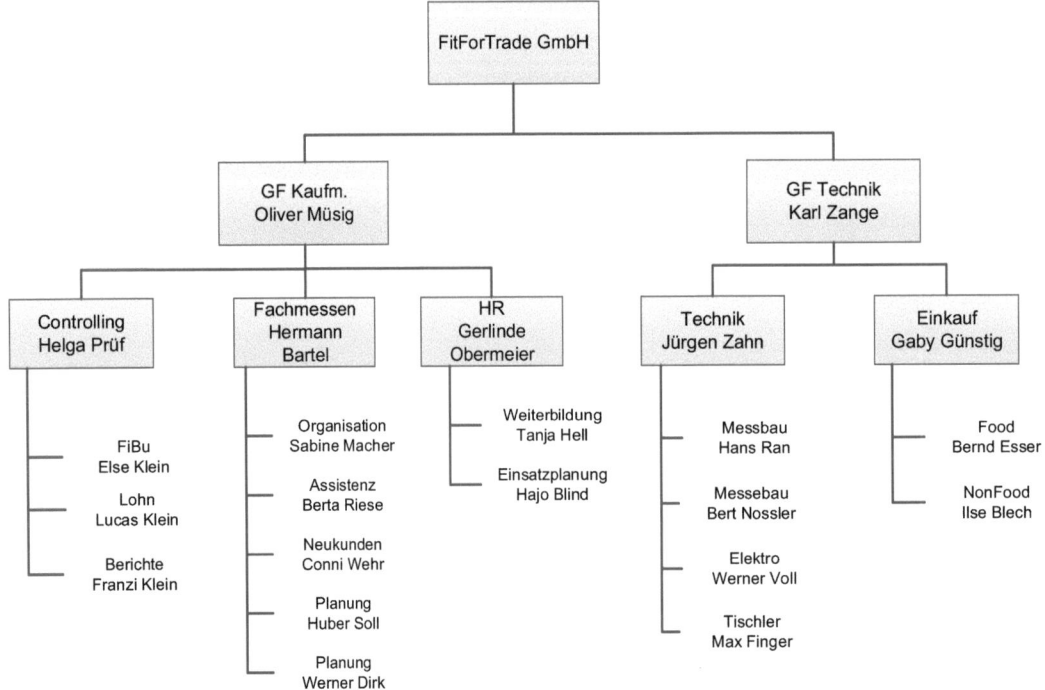

# G- Aufbauorganisation / Kommunikation

**Beispiel einer Rollenbeschreibung nach AKV**

| Rolle | Aufgabe | Kompetenz/Befugnis | Verantwortung |
|---|---|---|---|
| Lenkungsausschuss | Freigabe von Meilensteinen | Entscheidungen über erbrachte / nicht erbrachte Leistungsinhalte | Budgetfreigabe |
| usw. | | | |

**Beispiel einer Kommunikationsmatrix**

| Stakeholder an wen wird berichtet | Wer informiert? | Wie wird informiert (Form)? | Was wird berichtet? | Wie oft? |
|---|---|---|---|---|
| PL | P-Team | Persönlich Team jour fixe | Status der Arbeitspakete | Alle 14 Tage |
| usw. | | | | |

# H- Phasenplanung

## Gruppenarbeit / Einzelarbeit

1. **Definieren Sie die Projektphasen.**
2. **Ordnen Sie den Phasen Meilensteine mit wesentlichen Ergebnissen (mindestens zwei) zu.**
3. **Stellen Sie den Phasenplan grafisch dar.**

## Zusätzliche Informationen

Im Vorfeld wurden bereits folgende Festlegungen getroffen:
Die Initialisierung des Projekts ist abgeschlossen. Als Starttermin wurde der 15.2. festgelegt.

Der angefragte Termin für die Regionenmesse Oberbayern wurde von der Messe München für den 1.-3. Oktober bestätigt (Dauer drei Tage).

Für den Aufbau der Messestände werden 3 Tage veranschlagt. Frühester Termin für den Aufbau ist der 26.09.

Weiterhin muss mit zwei Tagen für den Abbau gerechnet werden.

Vor und nach der Messe wird eine Auswertung der Ausstellerfragebögen zur Messe durchgeführt. Die Übergabe der Ergebnisse an die ARGE ist für das Projektende vereinbart.

Der Internetauftritt wird der IT der Münchner Stadtwerke (SWM) übergeben und dort weiter betrieben. Alle Aussteller können sich kostenfrei daran beteiligen.

Werbung und Anmeldung soll auf der neu geschaffenen Webseite der Regionalmesse erfolgen.
Die Marketingaktivitäten sollen auf Grund des fehlenden Know-Hows im Projektteam grob skizziert und dann extern vergeben werden.

Bei fehlenden Angaben treffen Sie sinnvolle Annahmen, dokumentieren diese und stimmen diese mit dem Auftraggeber (Trainer) ab.

# H- Phasenplanung

**Beispiel für die Definition der Projektphasen:**

| Phase | Geplante Dauer | Phaseninhalte | Phasenergebnisse |
|---|---|---|---|
| Designphase | 3 Monate | Erstellung Fein- und Grobkonzept | Abnahme durch den AG erteilt |
| … | … | … | … |

**Zusätzlich werden die Meilensteine in tabellarischer Form dargestellt.**

**Beispielhafter Aufbau:**

| MS-Nr | Bezeichnung | Datum (geplant) |
|---|---|---|
| MS1 | Projektantrag genehmigt | 30.3.2017 |

Optional ist der grobe Aufwand der Phase in Personentagen oder Euro anzugeben.

**Beispiel für Projektphasen mit Angabe des geschätzten Aufwands:**

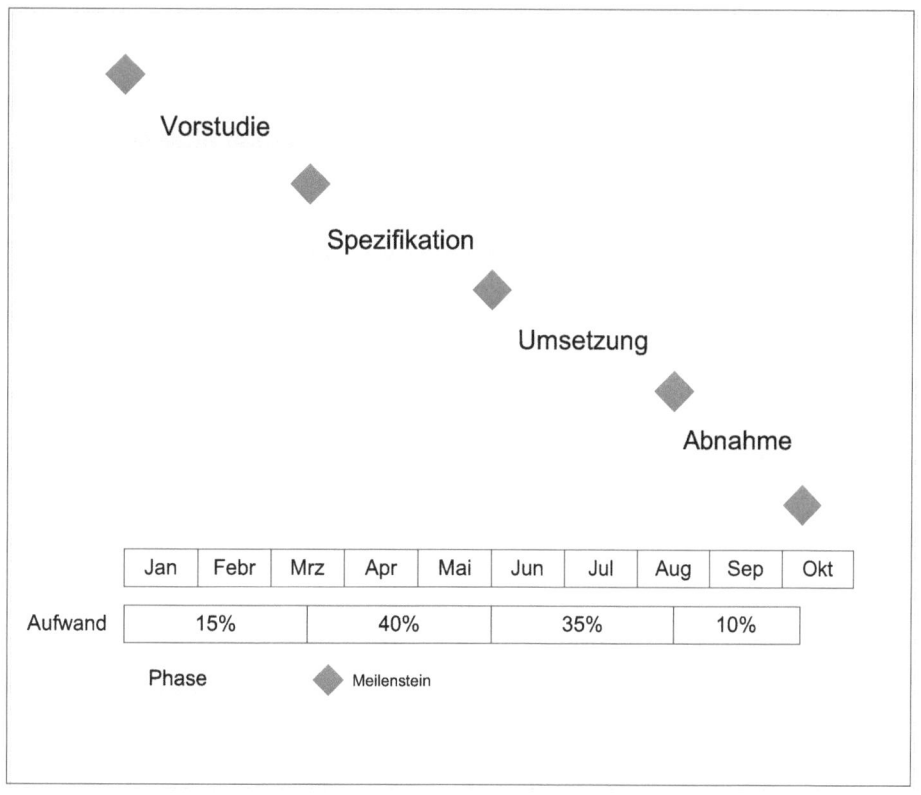

# I- Projektstrukturplan und Arbeitspakete

## Gruppenarbeit / Einzelarbeit

1. Erstellen Sie den Projekt-Strukturplan (PSP) für das Projekt.
2. Wonach ist Ihr PSP orientiert? Begründen Sie Ihre Wahl!
3. Codieren Sie die PSP-Elemente.
4. Erstellen Sie für zwei Arbeitspakete das Arbeitspaketformular (keines aus dem Projektmanagementzweig).

## Zusätzliche Informationen

Folgende Festlegung müssen berücksichtigt werden:

- Das Projekt wird mit professionellem Projektmanagement durchgeführt.
- Das Catering extern vergeben.
- Der Internetauftritt wird bei der SWM beauftragt.
- Das Marketing wird durch eine externe Agentur durchgeführt.
- Die Stände der Aussteller werden durch die Aussteller in Eigenverantwortung erstellt.
- Die Hauptbühne wird durch FitForTrade erstellt.
- Das Projekthandbuch wird durch den Lenkungsausschuss abgenommen.
- Nach der Messe soll es einen „Lessons Learned" Workshop zur Erfahrungssicherung geben. Dieser dient zugleich als Basis für das Projektmanagement-Handbuch (PMH).
- Nach Freigabe der Abschlussanalyse und des PMHs kann das Projekt beendet werden.

# I- Projektstrukturplan und Arbeitspakete

| Arbeitspaketformular | | | | | |
|---|---|---|---|---|---|
| PSP-Code | | Bezeich-nung | | Start: | |
| AP-Owner | | Auftrag-geber | | Ende: | |
| Projektname | | Erstell-datum | | Dauer: | |
| Ziel | | | | | |
| Lieferobjekte | | | | | |
| Aktivitäten | | | | | |
| Voraus-setzungen | | | | | |
| Risiken | | | | | |

| Fortschrittsgradmessmethode | |
|---|---|
| | |

**Aufwand und Kosten / beteiligte Mitarbeiter**

| Name | Rolle | Aufwand (PT) | Personalkosten (€) | Sachkosten (€) |
|---|---|---|---|---|
| | | | | |
| | | | | |
| | | $\Sigma$ | $\Sigma$ | $\Sigma$ |
| | | | Gesamtkosten | $\Sigma$ |

| AP-Owner | Projektleiter |
|---|---|
| Datum, Unterschrift | Datum, Unterschrift |

# J- Ablauf und Termine

## Gruppenarbeit / Einzelarbeit

1. Erstellen Sie auf Basis des PSP eine, bei Bedarf gekürzte, Vorgangsliste. Diese soll auch die Meilensteine enthalten.

2. Stellen Sie daraus einen vernetzten Balkenplan.

3. Verwenden Sie mindestens zwei verschiedene Anordnungsbeziehungen (AOB) in Ihrem vernetzten Balkenplan.

**Beispiel Vorgangsliste:**

| PSP Code | Vorgang | Dauer (d) | Vorgänger | AOB |
|---|---|---|---|---|
| M0 | P-Start | 0 | - | |
| RM 210 | Anforderungen analysieren | 20 | M0 | NF |
| usw. | | | | |

**Beispiel vernetzter Balkenplan:**

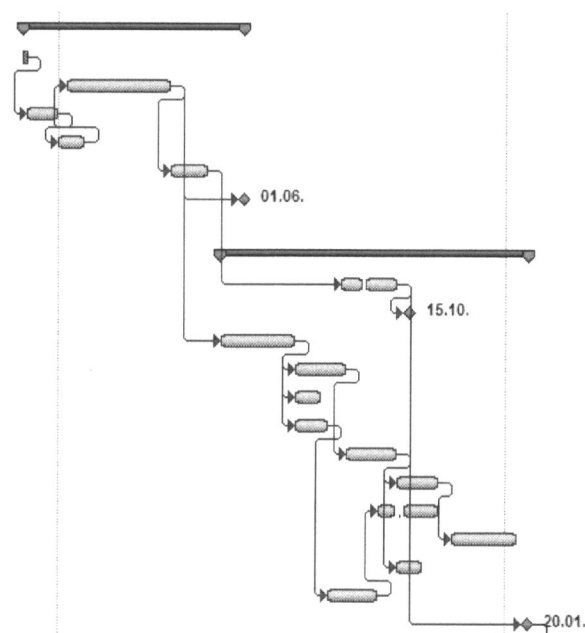

| A.1 | – Phase 1 - Konzeption | |
|---|---|---|
| A.1.0 | Projektstartworkshop | |
| A.1.1 | Feinspezifikation Software | 16EA-10 Tag |
| A.1.2 | Ansteuerung Solarien definieren | 13 |
| A.1.3 | Hardwarekonfiguration (PC) definiere | 15 |
| A.1.4 | Testkonzeption | 14 |
| A.1.5 | M2: Fachkonzept abgenommen | 14EA+14 Tag |
| | | |
| A.2 | – Phase 2 - Implementierung | |
| A.2.10 | Prototyp erstellen | 17 |
| A.2.12 | M3.1: Prototyp erstellt | 21 |
| A.2.1 | Übergreifendes Datenbankdesign | 14 |
| A.2.2 | Kasse | 23 |
| A.2.3 | Statistik | 23 |
| A.2.4 | Vernetzungskomponenten | 23 |
| A.2.5 | Artikelverwaltung | 24 |
| A.2.6 | Kundenverwaltung | 27 |
| A.2.7 | Ansteuerung Solarien - Software | 32 |
| A.2.8 | Verwaltungsfunktionen | 28 |
| A.2.9 | Übersetzungen | 27 |
| A.2.11 | Ansteuerung Solarien - Hardware | 26 |
| A.2.13 | M3.2: Entwicklung Ende | 21 |

# K- Ressourcen

## Gruppenarbeit / Einzelarbeit

1. Überlegen Sie welche Ressourcen Sie benötigen. Legen Sie Menge und zeitlichen Bedarf fest. Erstellen Sie hierfür eine Tabelle.

2. Erläutern Sie mit welcher Methode Sie den Bedarf ermittelt haben.

3. Zeichnen Sie die Ganglinie für eine ausgewählte Ressource. Prüfen Sie ob eine Unterdeckung vorliegt und definieren Sie ggf. Maßnahmen zur Behebung der Unterdeckung.

## Zusätzliche Informationen

Ihre Mitarbeiter haben eine 40 h Woche. Sie können maximal 75% hiervon für Ihr Projekt einplanen.

**Beispiel für eine Ressourcenbedarfsplanung:**

| Ressource | Ggf. Qualifikation / Spezifikation | Bedarf |
|---|---|---|
| PL | Maschinenbaustudium, IPMA Level C, > 3J in der Firma | 50% über die P-Laufzeit (100PT) |
| Gabelstapler für Messebau | Tragkraft 1000 Kilo | 3d vor der Messe und 2d danach |
| usw. | | |

# L- Kostenermittlung

## Gruppenarbeit / Einzelarbeit

1. Erklären Sie das Vorgehen bei der Kostenermittlung für die zwei ausgewählten Arbeitspakete.

2. Erstellen Sie dann den Kostenanfall auf Monatsbasis als Kostenganglinie für das Projekt.

3. Summieren Sie anschließend die angefallenen Kosten und stellen Sie diese als Kostensummenlinie grafisch dar.

## Zusätzliche Informationen

Jeder Personentag wird mit 1.000.-€ berechnet.

**Beispiel-Tabelle für Kostenanfall pro Monat:**

| Vorgang | PSP-Code | Kosten TSD € | Feb | Mär | Apr | Mai | Jun | Jul | Aug | Sep | Okt | Nov |
|---------|----------|--------------|-----|-----|-----|-----|-----|-----|-----|-----|-----|-----|
| Projekt Regionenmesse | RM | | 1 | 2 | 3 | 4 | 5 | 6 | 7 | 8 | 9 | |
| Projektmanagement | RM-100 | | | | | | | | | | | |
| Analyse | RM-200 | | | | | | | | | | | |
| Konzeption | RM-300 | | | | | | | | | | | |
| Feinkonzeption | RM-310 | | | | | | | | | | | |
| Messevorbereitung | RM-320 | | | | | | | | | | | |
| Marketingkonzept an Marketing-Agentur | RM-322 | | | | | | | | | | | |
| Internetauftritt erstellen | RM-323 | | | | | | | | | | | |
| Finanzierung | RM-330 | | | | | | | | | | | |
| Marketingfeinkonzept abnehmen | RM-340 | | | | | | | | | | | |
| Vorbereitung | RM-400 | | | | | | | | | | | |
| Messedurchführung | RM-500 | | | | | | | | | | | |
| Messe eröffnen | RM-510 | | | | | | | | | | | |
| Vor Ort Betreuung durchführen | RM-520 | | | | | | | | | | | |
| Catering durchführen | RM-530 | | | | | | | | | | | |
| Infrastruktur abbauen | RM-540 | | | | | | | | | | | |
| Auswertung und Projektabschluss | RM-600 | | | | | | | | | | | |
| Kostenanfall | gleichverteilt | | | 0 | 0 | 0 | 0 | 0 | 0 | 0 | 0 | 0 |
| | anfangsverteilt | | | | | | | | | | | |
| | endverteilt | | | | | | | | | | | |
| | Summe | monatl. | | 0 | 0 | 0 | 0 | 0 | 0 | 0 | 0 | 0 |

# L- Kostenermittlung

**Beispiel für Kostengang- und Summenlinie:**

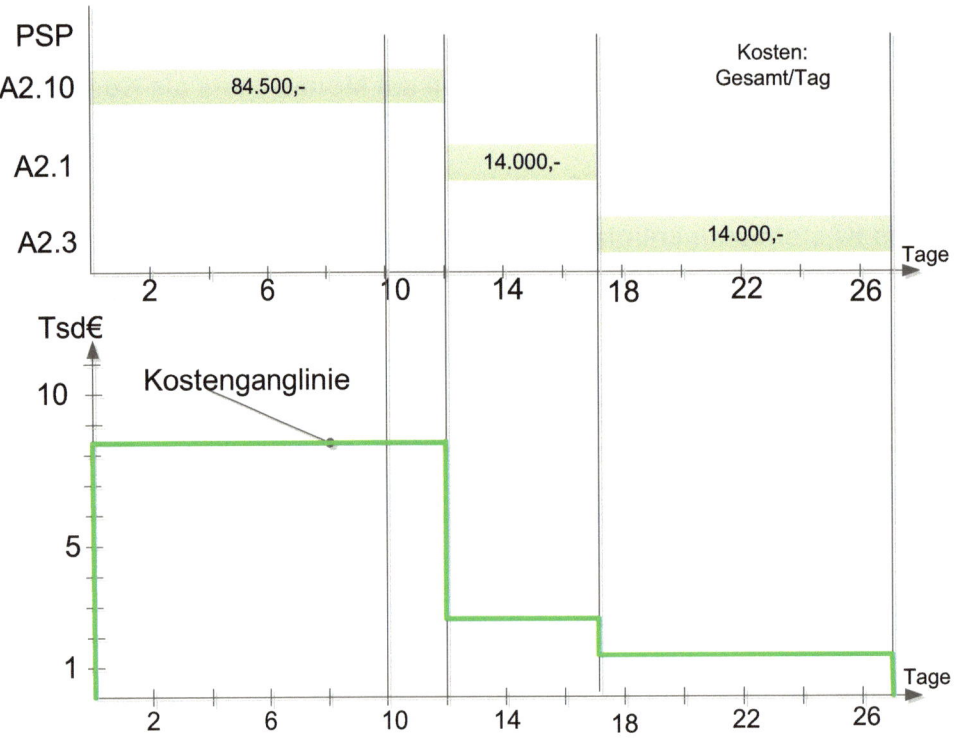

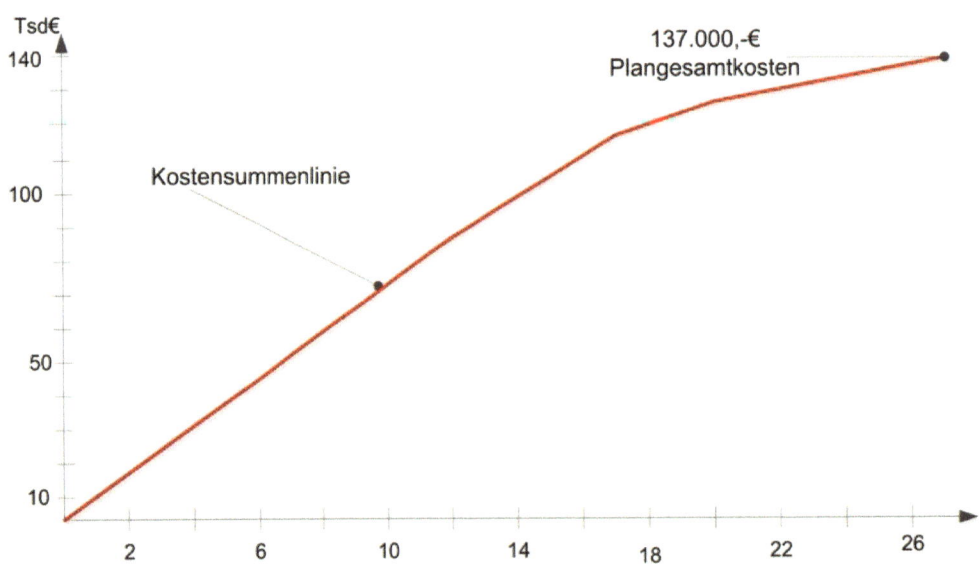

# M- Fortschrittsgrad-Messtechnik

## Gruppenarbeit / Einzelarbeit

1. **Wählen Sie aus der folgenden Liste zwei Arbeitspakete aus und definieren Sie die Methode zur Fortschrittsgradmessung.**

2. **Erläutern Sie Ihre Wahl.**

## Zusätzliche Informationen

Nachfolgend finden Sie eine Liste ausgewählter Arbeitspakete des Projekts „Regionenmesse Oberbayern".

| PSP-Code | Vorgang | Dauer | Aufwand Tage intern | Aufwand Tage extern | Vergabe | Fortschritts-messung |
|---|---|---|---|---|---|---|
| RM-100 | Projektmanagement | 240 | | | | |
| RM-200 | Analyse | | | | | |
| RM-210 | Anforderungen analysieren | 20 | 5 | | intern | |
| RM-220 | Aussteller, Mitwirkende festlegen | 15 | 5 | | intern | |
| RM-230 | Finanzierungsmöglichkeiten analysieren | 20 | 5 | | intern | |
| RM-250 | Anforderungen an den Internetauftritt beschreiben | 10 | 3 | | intern | |
| RM-260 | Firmen für externe Vergabe ermitteln und bewerten | 10 | 5 | | intern | |

# N- Earned Value Analyse

## Gruppenarbeit / Einzelarbeit

1. Erstellen sie eine Earned Value Analyse für das Projekt.

2. Vergleichen sie diese mit den bis zum Stichtag geplanten Kosten.

3. Bei Abweichungen zwischen Plankosten und Istkosten beschreiben sie die vermutlichen Gründe der Abweichungen und legen sie Steuerungsmaßnahmen fest.

4. Errechnen die die Fertigstellungs-Werte (farbig Hinterlegte Felder).

5. Berechnen sie die Werte für die Prognosen (linear und additiv) notwendig sind, die der Lenkungsausschuss für das Projekt haben möchte.

6. Erstellen sie eine grafische Earned-Value Analyse auf Basis der letzten Stichtagswerte.

   optionale Erweiterung der Aufgabe:
7. Errechnen die den Effizienzfaktor, den Zeitfaktor und die Kostenplan-Kennzahl.

## Zusätzliche Informationen

Übernehmen Sie aus der Kostenplanung die Plankosten je Arbeitspaket, sowie die Plangesamtkosten.

Die Kostenverteilung auf die Monate sind in der Tabelle Kostenverteilung dargestellt.

Vorgegeben sind die aktuellen Ist-Kosten und Fertigstellungsgrade der Arbeitspakete.

Kostenverteilung der internen Kosten: Summierung monatlich, gleichverteilt, externe Kosten: Summierung je Arbeitspaket

# N- Earned Value Analyse

**Kostenplanung**

| PSP-Code | Vorgang | Summe intern Kosten Pers. | Summe externe Kosten | |
|---|---|---|---|---|
| RM | Projekt Regionenmesse Oberbayern | 245.500 | 311.000 | |
| RM-100 | Projektmanagement | 72.000 | | |
| RM-200 | Analyse | 26.400 | | |
| RM-300 | Konzeption | | | |
| RM-310 | Feinkonzeption | 54.400 | | |
| RM-320 | Messevorbereitung | | | |
| RM-321 | Ausstellerbefragung durchführen | 1.000 | | |
| RM-322 | Marketingkonzept an Marketing-Agentur | | 72.000 | Werkvertrag |
| RM-323 | Internetauftritt erstellen | | 153.000 | Werkvertrag |
| RM-324 | Verträge mit den Fremdfirmen abschließen | 1.600 | | |
| RM-330 | Finanzierung | 10.400 | | |
| RM-340 | Marketingfeinkonzept abnehmen | 1.600 | | |
| RM-400 | Vorbereitung | | | |
| RM-410 | Messevorbereitung durchführen | 16.000 | | |
| RM-420 | Finanzierungskonzeption umsetzen | 4.000 | | |
| RM-430 | Marketing umsetzen | 4.500 | 75.000 | Werkvertrag |
| RM-440 | SWM betreuen | 8.000 | | |
| RM-450 | Internetauftritt abnehmen | 4.000 | | |
| RM-460 | Ausstelleranmeldungen betreuen | 4.000 | | |
| RM-470 | Aufbau | | | |
| RM-471 | Infrastruktur aufbauen (Messebau) | 4.000 | | |
| RM-472 | Catering aufbauen (Catering-Firma) | | 1.000 | Festpreis |
| RM-473 | Aufbau abnehmen | 800 | | |
| RM-500 | Messedurchführung | | | |
| RM-510 | Messe eröffnen | 1.600 | | |
| RM-520 | Vor Ort Betreuung durchführen | 4.800 | | |
| RM-530 | Catering durchführen | 3.200 | 10.000 | Festpreis |
| RM-540 | Infrastruktur abbauen | 3.200 | | |
| RM-600 | Auswertung und Projektabschluss | 20.000 | | |
| | | | | |

# N-  Earned Value Analyse

## Kostenverteilung

| PSP-Code | Summe intern Kosten Pers. | Summe externe Kosten | Februar | März | April | Mai | Juni | Juli | August | Sept.. | Oktober | November. |
|---|---|---|---|---|---|---|---|---|---|---|---|---|
| RM | 245.500 | 311.000 | 1 | 2 | 3 | 4 | 5 | 6 | 7 | 8 | 9 | 10 |
| RM-100 | 72.000 | | 4.000 | 8.000 | 8.000 | 8.000 | 8.000 | 8.000 | 8.000 | 8.000 | 8.000 | 4.000 |
| RM-200 | 26.400 | | 8.800 | 8.800 | 8.800 | | | | | | | |
| RM-300 | | | | | | | | | | | | |
| RM-310 | 54.400 | | | | 5.000 | 28.000 | 20.000 | 1.400 | | | | |
| RM-320 | | | | | | | 2.600 | | | | | |
| RM-321 | 1.000 | | | | | | 1.000 | | | | | |
| RM-322 | | 72.000 | | | | | | | | 72.000 | | |
| RM-323 | | 153.000 | | | | | | | | 153.000 | | |
| RM-324 | 1.600 | | | | | | | 1.600 | | | | |
| RM-330 | 10.400 | | | 4.400 | 3.000 | 3.000 | | | | | | |
| RM-340 | 1.600 | | | | | 1.600 | | | | | | |
| RM-400 | | | | | | | | | | | | |
| RM-410 | 16.000 | | | | | | | 2.000 | 4.000 | 10.000 | | |
| RM-420 | 4.000 | | | | | | | 2.000 | 1.000 | 1.000 | | |
| RM-430 | 4.500 | 75.000 | | | | | 2.500 | 1.000 | 1.000 | 75.000 | | |
| RM-440 | 8.000 | | | | | 2.000 | 2.000 | 1.000 | 1.000 | 2.000 | | |
| RM-450 | 4.000 | | | | | | | | | 4.000 | | |
| RM-460 | 4.000 | | | | | | 1.000 | 1.000 | 1.000 | 1.000 | | |
| RM-470 | | | | | | | | | | | | |
| RM-471 | 4.000 | | | | | | | | | 1.000 | 3.000 | |
| RM-472 | | 1.000 | | | | | | | | 1.000 | | |
| RM-473 | 800 | | | | | | | | | 800 | | |
| RM-500 | | | | | | | | | | | | |
| RM-510 | 1.600 | | | | | | | | | 1.600 | | |
| RM-520 | 4.800 | | | | | | | | | 4.800 | | |
| RM-530 | 3.200 | 10.000 | | | | | | | | 3.200 | 10.000 | |
| RM-540 | 3.200 | | | | | | | | | 3.200 | | |
| RM-600 | 20.000 | | | | | | | | | | 8.000 | 12.000 |

# N- Earned Value Analyse

**Stichtag 30.Juni**

| PSP-Code | Plankosten Gesamt | Plankosten zum Stichtag | Aktuelle Ist-kosten | FGR % | FW (Akt) |
|---|---|---|---|---|---|
| **RM** | | | | | |
| **RM-100** | 72.000 | | 36.000 | 50,0 | |
| **RM-200** | 26.400 | | 26.400 | 100,0 | |
| **RM-300** | | | | | |
| RM-310 | 54.400 | | 55.000 | 90,0 | |
| RM-320 | | | 2.600 | 100,0 | |
| RM-321 | 1.000 | | | | |
| RM-322 | 72.000 | | | | |
| RM-323 | 153.000 | | | | |
| RM-324 | 1.600 | | | | |
| **RM-330** | 10.400 | | 10.400 | 100,0 | |
| **RM-340** | 1.600 | | 1.700 | 100,0 | |
| **RM-400** | | | | | |
| RM-410 | 16.000 | | | | |
| RM-420 | 4.000 | | | | |
| RM-430 | 4.500 | | 3.000 | 35,0 | |
| RM-440 | 8.000 | | 5.000 | 80,0 | |
| RM-450 | 4.000 | | | | |
| RM-460 | 4.000 | | 2.500 | 30,0 | |
| **RM-470** | | | | | |
| RM-471 | 4.000 | | | | |
| RM-472 | 1.000 | | | | |
| RM-473 | 800 | | | | |
| **RM-500** | | | | | |
| RM-510 | 1.600 | | | | |
| RM-520 | 4.800 | | | | |
| RM-530 | 3.200 | | | | |
| RM-540 | 3.200 | | | | |
| **RM-600** | 20.000 | | | | |

| Summen | |
|---|---|
| **Prognose Gesamtkosten** | |
| Additiv | |
| Linear | |
| Effizienzfaktor in % (EF) | |
| Zeitfaktor in % (ZK) | |
| Kostenplan-Kennzahl in % (KK) | |

# N- Earned Value Analyse

**Stichtag 30.Juli**

| PSP-Code | Plankosten Gesamt | Plankosten zum Stichtag | Aktuelle Ist-Kosten | FGR % | FW (Akt) |
|---|---|---|---|---|---|
| **RM** | | | | | |
| **RM-100** | 72.000 | | 52.000 | 61,1 | |
| **RM-200** | 26.400 | | 26.400 | 100,0 | |
| **RM-300** | | | | | |
| RM-310 | 54.400 | | 56.000 | 90,0 | |
| RM-320 | | | | | |
| RM-321 | 1.000 | | 2.000 | 100,0 | |
| RM-322 | 72.000 | | | | |
| RM-323 | 153.000 | | | | |
| RM-324 | 1.600 | | 1.600 | 100,0 | |
| **RM-330** | 10.400 | | 10.400 | 100,0 | |
| **RM-340** | 1.600 | | 1.700 | 100,0 | |
| **RM-400** | | | | | |
| RM-410 | 16.000 | | 2.000 | 10,0 | |
| RM-420 | 4.000 | | 1.500 | 50,0 | |
| RM-430 | 4.500 | | 3.000 | 35,0 | |
| RM-440 | 8.000 | | 5.000 | 80,0 | |
| RM-450 | 4.000 | | | | |
| RM-460 | 4.000 | | 2.500 | 80,0 | |
| **RM-470** | | | | | |
| RM-471 | 4.000 | | | | |
| RM-472 | 1.000 | | | | |
| RM-473 | 800 | | | | |
| **RM-500** | | | | | |
| RM-510 | 1.600 | | | | |
| RM-520 | 4.800 | | | | |
| RM-530 | 3.200 | | | | |
| RM-540 | 3.200 | | | | |
| **RM-600** | 20.000 | | | | |

| **Summen** | |
|---|---|
| **Prognose Gesamtkosten** | |
| Additiv | |
| Linear | |
| Effizienzfaktor in % (EF) | |
| Zeitfaktor in % (ZK) | |
| Kostenplan-Kennzahl in % (KK) | |

# N-  Earned Value Analyse

**Stichtag 30.August**

| PSP-Code | Plankosten Gesamt | Plankosten zum Stichtag | Aktuelle Ist-Kosten | FGR % | FW (Akt) |
|---|---|---|---|---|---|
| **RM** | | | | | |
| **RM-100** | 72.000 | | 52.000 | 72,2 | |
| **RM-200** | 26.400 | | 26.400 | 100,0 | |
| **RM-300** | | | | | |
| RM-310 | 54.400 | | 57.000 | 100,0 | |
| RM-320 | | | | | |
| RM-321 | 1.000 | | 2.000 | 100,0 | |
| RM-322 | 72.000 | | | | |
| RM-323 | 153.000 | | 160.000 | 85,0 | |
| RM-324 | 1.600 | | | | |
| **RM-330** | 10.400 | | 10.400 | 100,0 | |
| **RM-340** | 1.600 | | 1.700 | 100,0 | |
| **RM-400** | | | | | |
| RM-410 | 16.000 | | 6.000 | 40,0 | |
| RM-420 | 4.000 | | 4.000 | 75,0 | |
| RM-430 | 4.500 | | 4.500 | 45,0 | |
| RM-440 | 8.000 | | 5.500 | 80,0 | |
| RM-450 | 4.000 | | | | |
| RM-460 | 4.000 | | 3.000 | 100,0 | |
| **RM-470** | | | | | |
| RM-471 | 4.000 | | | | |
| RM-472 | 1.000 | | | | |
| RM-473 | 800 | | | | |
| **RM-500** | | | | | |
| RM-510 | 1.600 | | | | |
| RM-520 | 4.800 | | | | |
| RM-530 | 3.200 | | | | |
| RM-540 | 3.200 | | | | |
| **RM-600** | 20.000 | | | | |

| Summen | |
|---|---|
| **Prognose Gesamtkosten** | |
| Additiv | |
| Linear | |
| Effizienzfaktor in % (EF) | |
| Zeitfaktor in % (ZK) | |
| Kostenplan-Kennzahl in % (KK) | |

# O- Meilenstein-Trend-Analyse

## Gruppenarbeit / Einzelarbeit

Der Lenkungsausschuss fordert einen Überblick über die Meilensteintermine. Der Bericht soll eine Aussage zur Termintreue geben und zusätzlich als Grafik aufbereitet sein.

1. **Erstellen sie eine Meilenstein-Trend-Analyse und**

   **Beantworten sie folgende Fragen:**

2. **Wird das Projekt rechtzeitig beendet werden?**

3. **Kann die Veranstaltung wie geplant am 4.11. des Jahres starten?**

4. **Wie ist die Termintreue hinsichtlich der einzelnen Meilensteine?**

5. **Der Lenkungsausschuss möchte nun diese Werte im Überblick sehen (Grafik).**

### Initiale Meilenstein-Planung zum Projektstart

| Meilenstein | Bezeichnung | Datum | Status |
|---|---|---|---|
| M1 | Projektstart | 01.05. | geplant |
| M2 | Konzeption abgeschlossen | 30.06 | geplant |
| M3 | Firmenzusagen komplett | 10.08. | geplant |
| M4 | Messevorbereitungen abgeschlossen | 20.09. | geplant |
| M5 | Messe durchgeführt | 06.10. | geplant |
| M6 | Abschlussbefragung ausgewertet | 25.10. | geplant |
| M7 | Projektende | 05.11. | geplant |

### Statusbericht zum 30.05.

| Meilenstein | Bezeichnung | Datum | Status |
|---|---|---|---|
| M1 | Projektstart | 01.05. | abgeschlossen |
| M2 | Konzeption abgeschlossen | 10.07 | Verspätung |
| M3 | Firmenzusagen komplett | 10.08. | Im Plan |
| M4 | Messevorbereitungen abgeschlossen | 20.09. | Im Plan |
| M5 | Messe durchgeführt | 06.10. | Im Plan |
| M6 | Abschlussbefragung ausgewertet | 25.10. | Im Plan |
| M7 | Projektende | 05.11.. | Im Plan |

# O- Meilenstein-Trend-Analyse

**Statusbericht zum 30.06.**

| Meilenstein | Bezeichnung | Datum | Status |
|---|---|---|---|
| M1 | Projektstart | 01.05. | abgeschlossen |
| M2 | Konzeption abgeschlossen | 10.07 | Verspätung |
| M3 | Firmenzusagen komplett | 10.09. | Verspätung |
| M4 | Messevorbereitungen abgeschlossen | 25.09. | Verspätung |
| M5 | Messe durchgeführt | 06.10. | Im Plan |
| M6 | Abschlussbefragung ausgewertet | 25.10. | Im Plan |
| M7 | Projektende | 05.11. | Im Plan |

**Statusbericht zum 30.07.**

| Meilenstein | Bezeichnung | Datum | Status |
|---|---|---|---|
| M1 | Projektstart | 01.05. | abgeschlossen |
| M2 | Konzeption abgeschlossen | 10.07 | abgeschlossen |
| M3 | Firmenzusagen komplett | 05.10. | Verspätung |
| M4 | Messevorbereitungen abgeschlossen | 16.10. | Verspätung |
| M5 | Messe durchgeführt | 06.10. | Im Plan |
| M6 | Abschlussbefragung ausgewertet | 25.10. | Im Plan |
| M7 | Projektende | 05.11. | Im Plan |

**Statusbericht zum 30.08.**

| Meilenstein | Bezeichnung | Datum | Status |
|---|---|---|---|
| M1 | Projektstart | 01.05. | abgeschlossen |
| M2 | Konzeption abgeschlossen | 10.07 | Verspätung |
| M3 | Firmenzusagen komplett | 10.09. | Verspätung |
| M4 | Messevorbereitungen abgeschlossen | 16.10. | Verspätung |
| M5 | Messe durchgeführt | 06.10. | Im Plan |
| M6 | Abschlussbefragung ausgewertet | 30.10. | Verspätung |
| M7 | Projektende | 05.11. | Im Plan |

# P- Kosten-Trend-Analyse (KTA)

## Gruppenarbeit / Einzelarbeit

Für den Lenkungsausschuss(LA) ist regelmäßig eine Kostenübersicht mit einem Forecast der Gesamtkosten zum Projektende zu erstellen

Fragestellungen:

- Wie hoch sind die voraussichtlichen Gesamtkosten zum Projektende?
- Wie ökonomisch arbeitet das Projekt?
- Wie ist der Fortschrittsgrad in %?
- Sind die geplanten Kosten eingehalten?

Sieben Stichtage sind bereits verstrichen. Die jeweiligen Werte wurden bereits im Arbeitsschritt „Earned Value Analyse" berechnet.

> 1. **Erstellen sie für den LA eine Grafik anhand die Fragen oben beantwortet werden.**

## Zusätzliche Informationen

**Plan- und Ist-Kostenentwicklung aus der Earned Value Analyse**

|  | 28.02. | 28.03. | 30.04. | 30.5. | 30.6. | 30.7. | 30.08. |
|---|---|---|---|---|---|---|---|
| Plankosten | 12.800 | 34.000 | 58.800 | 101.400 | 138.500 | 156.500 | 325.500 |
| Ist-Kosten | 9000 | 33000 | 66000 | 103000 | 142600 | 164100 | 332500 |
| Fortschritts -werte | 8.000 | 35.000 | 60.000 | 101.000 | 158.785 | 174.985 | 331.425 |

**Beispiel für eine Tabelle zur Kosten-Trend -Analyse:**

| Stichtag | Pj-Start (15.02.) | 01.03. | 01.04. | 01.05. |
|---|---|---|---|---|
| Geplante-Kosten (PK) | 0 |  |  |  |
| Aktuelle Ist-Kosten (IK) | 0 |  |  |  |
| Aktueller Fortschrittswert (FW) | 0 |  |  |  |
| Plangesamtkosten (PGK) |  |  |  |  |
| Gesamtkosten linear |  |  |  |  |
| Gesamtkosten Add |  |  |  |  |
| Effizienzfaktor in % (EF) |  |  |  |  |
| Zeitfaktor in % (ZK) |  |  |  |  |
| Kostenplan-Kennzahl in % (KK) |  |  |  |  |

# Q- Änderungsmanagement

## Gruppenarbeit / Einzelarbeit

1. **Vergleichen Sie die beiden Flow-Charts.**

2. **Welche Schwerpunkte werden gesetzt?**

3. **Worin unterscheiden bzw. gleichen sich die Flow-Charts?**

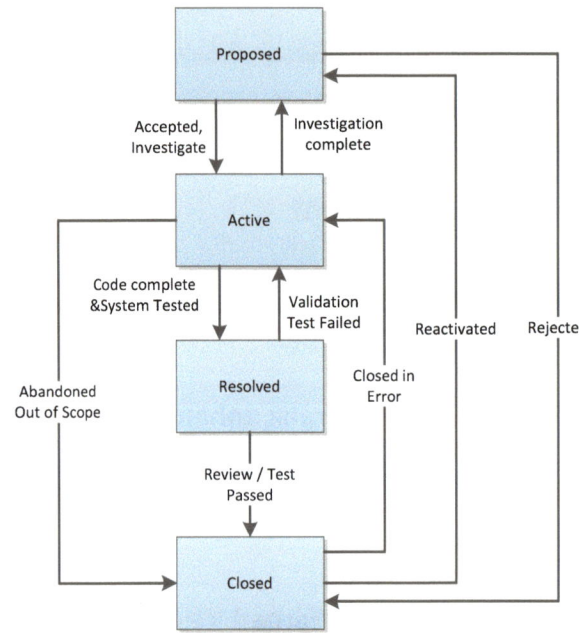

Change Request: Angelehnt an den CMMI Prozess

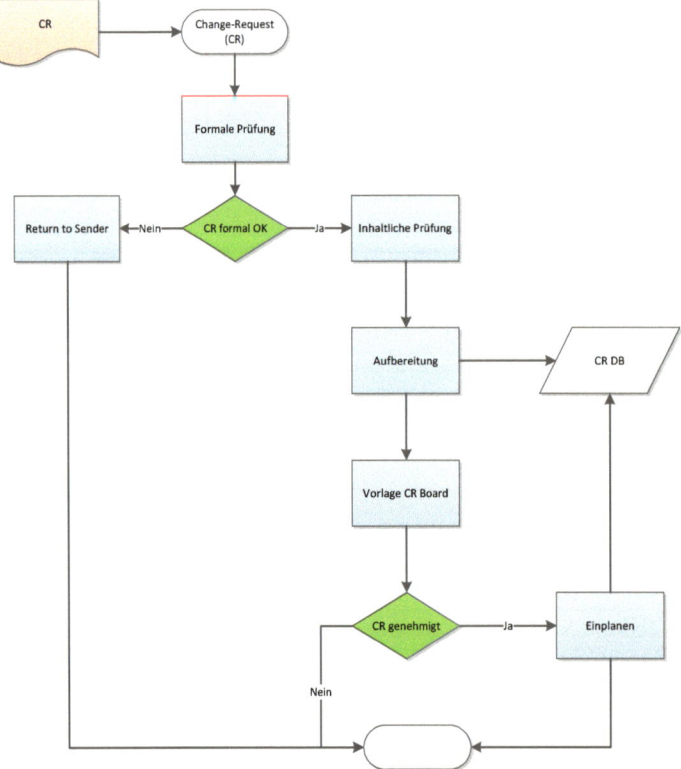

Workflow CR-Prozess

# R- Vielseitigkeit

## Gruppenarbeit / Einzelarbeit

Stellen Sie zwei der in den Übungssequenzen verwendeten Moderationstechniken dar.

1. **Wo liegen die Stärken/ Schwächen der Methode und warum haben Sie genau diese Methoden eingesetzt?**

# S- Selbstreflexion und Selbstmanagement

## Einzelarbeit

Reflektieren Sie Ihre Rolle in den vorangegangenen Übungssequenzen bzw. im Projekt, z.B.

- Selbstbewertung (Stärken, Schwächen)
- Konflikt- und Problemlösungskompetenz
- Bewertung von Alternativen
- Arbeitsergebnisse
- Visualisierung
- Über- oder Unterforderung
- Lernzuwachs
- Konsequenzen für Lernen und Handeln aus den neu erworbenen Kenntnissen und Fertigkeiten, Fehlern und Irrtümern

# Weitere Bücher zum Thema Projektmanagement und Zertifizierung von Klaus Rauer:

## Fallstudie Projektmanagement II – Muster-Lösungen

Musterlösungen zur Fallstudie „Regionenmesse Oberbayern" nach dem IPMA- / DIN-Standard.

Zur Selbstkontrolle oder dem Einsatz im Projektmanagement-Training, sowie als Anregung in der täglichen Praxis.

ISBN: 9 783748 151784

## Project-Fastlane
## Projektmanagement-Praxis und Prüfungsvorbereitung auf Basis der IPMA ICB4
## Kompetenzlevel D

Dieses Buch richtet sich an alle interessierten Personen, die sich Projektmanagementmethodik erschließen, erlernen oder einsetzen wollen. Die Methodik orientiert sich an den Kompetenzelementen der IPMA ICB 4. Zum Selbststudium als Prüfungsvorbereitung geeignet.

Es werden die grundlegenden Methoden diskutiert und anhand von Beispielen erläutert. Dabei werden nicht nur die "Hard-Facts", sondern auch die weichen Faktoren des Projektmanagements behandelt.

ISBN: 9 783748 129684

**interface GmbH**

**Projektmanagement**
**Testmanagement**
**Bankconsulting**

**www.interface-gmbh.de**